BEI GRIN MACHT SICH IHR WISSEN BEZAHLT

- Wir veröffentlichen Ihre Hausarbeit, Bachelor- und Masterarbeit

- Ihr eigenes eBook und Buch - weltweit in allen wichtigen Shops

- Verdienen Sie an jedem Verkauf

Jetzt bei www.GRIN.com hochladen und kostenlos publizieren

Bibliografische Information der Deutschen Nationalbibliothek:

Die Deutsche Bibliothek verzeichnet diese Publikation in der Deutschen Nationalbibliografie; detaillierte bibliografische Daten sind im Internet über http://dnb.dnb.de/ abrufbar.

Dieses Werk sowie alle darin enthaltenen einzelnen Beiträge und Abbildungen sind urheberrechtlich geschützt. Jede Verwertung, die nicht ausdrücklich vom Urheberrechtsschutz zugelassen ist, bedarf der vorherigen Zustimmung des Verlages. Das gilt insbesondere für Vervielfältigungen, Bearbeitungen, Übersetzungen, Mikroverfilmungen, Auswertungen durch Datenbanken und für die Einspeicherung und Verarbeitung in elektronische Systeme. Alle Rechte, auch die des auszugsweisen Nachdrucks, der fotomechanischen Wiedergabe (einschließlich Mikrokopie) sowie der Auswertung durch Datenbanken oder ähnliche Einrichtungen, vorbehalten.

Impressum:

Copyright © 2015 GRIN Verlag, Open Publishing GmbH
Druck und Bindung: Books on Demand GmbH, Norderstedt Germany
ISBN: 9783668517134

Dieses Buch bei GRIN:

http://www.grin.com/de/e-book/374182/erlaeuterung-einiger-emotionstheorien-unter-beruecksichtigung-kulturanalytischer

Madlen Stiebler

Erläuterung einiger Emotionstheorien unter Berücksichtigung kulturanalytischer Aspekte

GRIN Verlag

GRIN - Your knowledge has value

Der GRIN Verlag publiziert seit 1998 wissenschaftliche Arbeiten von Studenten, Hochschullehrern und anderen Akademikern als eBook und gedrucktes Buch. Die Verlagswebsite www.grin.com ist die ideale Plattform zur Veröffentlichung von Hausarbeiten, Abschlussarbeiten, wissenschaftlichen Aufsätzen, Dissertationen und Fachbüchern.

Besuchen Sie uns im Internet:

http://www.grin.com/

http://www.facebook.com/grincom

http://www.twitter.com/grin_com

Technische Universität Dresden
Fakultät Sprach-, Literatur- und Kulturwissenschaften
Institut für Germanistik
Professur für Angewandte Linguistik

Ausarbeitung im Rahmen von:

»Emotionstheorien und Kulturanalyse«

(Seminar, Sommersemester 2015)

vorgelegt von

Madlen Stiebler

Fach- BA Sprach-, Literatur- und Kulturwissenschaften
1. Teilfach: Germanistik
2. Teilfach: Kunstgeschichte
5. Fachsemester

1.) Bitte erläutern Sie mit Hilfe der verschiedenen im Seminarkontext gelesenen Texte, inwiefern und warum **Emotionen sozial konstruiert** sowie **kulturell und historisch variabel** sind.

Fernab sprachlicher Äußerungen und gewissermaßen als Vorstufe dessen, erfassen wir die Welt zunächst mit Hilfe innerer Vorgänge.[1] Aus Sicht der Soziologie dient die Gefühlswelt eines jeden, der Bewertung der Umwelt und anschließender Selektion. Menschen sind so veranlagt, sich in erster Linie auf emotionaler Ebene zu integrieren und zu binden.[2] Auf diese Weise sind Emotionen in der Lage Aktionen und Erwartungen eines Agierenden anzuleiten- innerhalb der Disziplin auch als Handlungsorientierung bezeichnet.[3]

Eva Illouz sagte in einem Interview folgendes: „In jedem noch so banalen Gefühl kommt auch eine Gesellschaft zum Ausdruck und zugleich die Geschichte, die solche Zusammenhänge bestimmt."[4]

Je nach Kultur äußern sich Emotionen in unterschiedlichsten Formen begründet durch variable gefühlsbezogene Einstellungen und Handlungsweisen.[5] Anhaltspunkte liefern mitunter Kulturkreise in denen Emotionen beispielsweise in Ritualen hervorgerufen werden. So stufen die Baining, ein Volk Papua- Neuguineas, daraus Resultierendes als gefährlich gar schädlich ein.[6] Ein Gefühl wie der Ekel ist ein etwaiger Fall, der verdeutlicht inwiefern Emotionen und Körperlichkeit ebenso auseinander gehen können. Denke man dabei nur an bestimmte Essgewohnheiten oder Hygienestandarts, die für den einen ganz normal sind und für andere, anderer Herkunftsländer

---

[1] Vgl. Gerhards, Jürgen: Soziologie der Emotionen. Fragestellungen, Systematik und Perspektiven. München/ Weinheim 1988, S. 80.
[2] Vgl. ebd., S. 75f.
[3] Vgl. ebd., S. 82.
[4] Thadden, Elisabeth von: Alles eine Frage des Gefühls. Was interessiert den Geist heute so lebhaft an den Emotionen. Geht es uns nur ums Wohlbefinden? Ein Gespräch mit der Historikerin Ute Frevert und der Soziologin Eva Illouz. In: DIE ZEIT, Nr. 37, 6. September 2012, S. 55.
[5] Vgl. Vester, Heinz-Günter: Emotion, Gesellschaft und Kultur. Grundzüge einer soziologischen Theorie der Emotionen. Opladen 1991, S. 101
[6] Vgl. ebd. S. 106.

zum besagten Gefühlsausbruch führen können.[7] Moralische Wertvorstellungen wie bei den Komplementären ‚schlecht' und ‚gut' sind eine weitere Möglichkeit zur Erklärung der Variation.[8] Dieser Ansatz steht auch eng im Zusammenhang mit verschiedenen Denkweisen hinsichtlich der ‚Angemessenheit'. So vermeiden zum Beispiel die Kaluli extreme Wut- oder Trauerausbrüche, vor allem im familiären Umfeld und flüchten sich dabei eher in Schamgefühle. Auch Fehlverhalten seines Gegenüber, genauer eines Fremden oder Freundes wird verschiedest aufgefasst. In Deutschland sind wir meist deutlich empfindsamer als die Briten, sollte ein Freund nicht richtig agieren.[9]

---

[7] Vgl. Vester 1991, S.108.
[8] Vgl. ebd., S. 112.
[9] Vgl. ebd., S. 114.

2.) Was versteht Sighard Neckel in seinem Artikel »Emotion by design: Das Selbstmanagement der Gefühle als kulturelles Programm« unter ›**emotionalem Selbstmanagement**‹ sowie unter ›**Ökonomisierung der Gefühle**‹?

Emotionales Selbstmanagement dient gegenwärtig jedem Einzelnen, Wissen und Umgangsregeln für ein korrektes Gefühlsleben näher zu bringen. Ratgeber und Handbücher lassen dem Leser in dem Glauben neben Selbstmanagement auch Gefühle anderer Agierenden mit Erfolg steuern zu können. Hierzu werden Gefühle keineswegs nur als solches beleuchtet, sondern ebenso im rationalen Sinn aufbereitet.[10] Per Kenntnisvermittlung bezüglich Emotionen sollen „[…]Sicherheit, Wohlbefinden und Wirkung des eigenen Selbst[…]"[11] gesteigert werden- das heißt Emotionen sollen instrumentalisiert werden. Neben Literatur sind Beratungen, Therapien u.v.m. an diesem Diskurs beteiligt. Viele dieser Möglichkeiten fundieren auf einer gemeinsamen Annahme- Menschen können über ihre Gefühle frei verfügen sobald sie jeweiligen Techniken beherrschen.

Zu Konzepten dieser Art, zählt das der ‚emotionalen Intelligenz', als aktuell wohl einflussreichstes. Dabei werden im Grunde Anweisungen geliefert, alles Negative in Positives umzuwandeln. Beispielsweise sollen qualvolle Erfahrungen in den menschlichen Antriebsmotor der Motivation transformiert werden.[12] Dabei steht der Einzelne als „unerschöpfliche Quelle persönlicher Potentiale"[13] immer im Zentrum. ‚Emotionale Intelligenz', ein Konzept beruhend auf einer Kombination der Neurowissenschaften und dem Streben nach Erfolg, ausgelöst durch den allgegenwärtigen Wettbewerbsdruck.[14] Im Laufe der Auffassungen des Psychologen Daniel Goleman bewirkt das erläuterte Konzept eine große Veränderung. Tatsächlich Empfundenes, fernab jeglicher Beeinflussbarkeit, werden in die Rolle eines Merkmals psychischer

---

[10] Vgl. Neckel, Sighard (2005): Emotion by Design. Das Selbstmanagement der Gefühle als kulturelles Programm, in: Berliner Journal für Soziologie, H. 3, S. 124f.
[11] Ebd., S. 125.
[12] Vgl. ebd., S. 126f.
[13] Ebd., S. 126.
[14] Vgl. ebd., S. 128.

Krankheitsbilder gedrängt. So stehen sie plötzlich Gefühlen nach, die auf Akzeptanz innerhalb der Gesellschaft stoßen. Normalität wird der Nützlichkeit untergeordnet. ‚Emotionale Intelligenz' beinhaltet schließlich neben dem Antrainieren etwaiger Fähigkeiten auch das Erlernen kulturell geprägter Moral- und Wertvorstellungen.[15]

Insbesondere der Wirtschaftszweig gilt in der heutigen Zeit als Antrieb emotionaler Regulation. Denn im Gegensatz zur einstigen Annahme in der Ökonomie würden Gefühle ausgeklammert, werden innerhalb jeglicher Prozesse modernen Konsumdenkens, Emotionen absichtlich eingesetzt um zum Beispiel Produkt und deren Verkauf zu untermalen. Gefühle gelten als Zeugnis von Authentizität. Arlie Hochschild merkt in diesem Kontext an, dass Arbeitnehmer des Dienstleistungssektors mentale Selbstmanipulation regelrecht auferlegt wäre. Sodass der Kundenkontakt beinahe einer theatralischen Vorstellung gleicht- unechte Gefühle werden nach außen getragen. Des Gefühlsmanagements verschuldet, entstehe auf diese Weise ein Kontrast zwischen Ausdruck und tatsächlichen Erleben. In der Arbeitswelt entsteht schlussendlich ein nicht unterscheidbares Bündnis zweckorientierten und emotionalen Handelns.[16]

---

[15] Vgl. Neckel 2005, S. 130f.
[16] Vgl. ebd., S. 120ff.

3.) Bitte erläutern Sie die den **Zusammenhang von Anerkennung und romantischer Liebe** und die **historischen Veränderungsprozesse** dieses Zusammenhangs laut Eva Illouz, die sie in ihrem Artikel »Das Verlangen nach Anerkennung« erläutert.

Mehrfach weist Eva Illouz darauf hin, dass die (romantische) Liebe dazu in der Lage ist, das Selbstbewusstsein eines Menschen zu steigern. Dies geschieht mitunter indem sich die Liebenden mit all ihren Eigenheiten akzeptieren und sich trotz allem Anerkennung entgegen bringen.[17]

Einige Male bezieht sich die Autorin auf die Lektüre von Beziehungsratgebern der heutigen Zeit sowie vergangener Jahrhunderte. Bei der Gegenüberstellung fällt vor allem eines auf: die einst handgehabte Klassenzuordnung scheint eines der zentralen Gegenstände der Kluft zwischen verschiedenen Zeiten zu sein. So gab es gewisse Anerkennungsrituale kodifizierte Verhaltensweisen, die lediglich zur Bestätigung der eigenen und fremden Gesellschaftsschicht innerhalb einer Liebeswerbung dienten. In der Moderne hingegen, liegt der Fokus dieses Aktes viel mehr auf einer geeigneten Form der Anerkennung zu vermitteln, stets in Anbetracht des Wertes einer Person. Anders ausgedrückt, verschwindet die Anerkennung der Klassenzuordnung zugunsten der, des Individuums. Schlussfolgerns ist die romantische Beziehung zur Quelle und Bestärkung des sozialen Wertes eines jeden geworden.[18] Anders wie in der Vergangenheit, in welcher dieser Wert durch die Partnerwahl im Grunde nur bestätigt wurde und unabhängig davon im Vorfeld allen Beteiligten bewusst war. Darüber hinaus ergeben Texte der Zeit eine weitere Eigenart der Umwerbung. Während sich die Männer um die Frauen bemühten, entschieden sich die Frauen in vielen Fällen für eine Selbstsgeringschätzung. Illouz vermutet in dieser Reaktion zwei Eigenschaften: das Vermögen Selbstkritik auszuüben und Schaffung einer Privatsphäre durch Offenbarung eigener das

---

[17]Vgl. Illouz, Eva: Das Verlangen nach Anerkennung, in: Forst, Rainer; Hartmann, Martin; Jaeggi, Rahel; Saar, Martin (Hg.): Sozialphilosophie und Kritik, Frankfurt am Main 2009, S. 64ff.
[18]Vgl. ebd., S. 70f.

Makel. Ebenso ist eine Darstellung eines Selbst, welches keine Anerkennung für sein Selbstwertgefühl bedarf, lesbar.[19] Auf Grund dessen, dass heute der soziale Wert erst durch das Phänomen der Liebe konstruiert wird, gestaltet sich Geschehen der Anerkennung merklich schwieriger. Speziell Schüchternheit, als Ausdruck von Unsicherheit oder gar Unwissenheit gegenüber des eigenen sozialen Werts bzw. der Eigenheiten nach welchen andere einen beurteilen, sind hierbei zu erwähnen. Heutzutage stark individualisiert und subjektivierte Akte der Bewertung, Partnerwahl, Umwerbung etc. steht ebenso einer alten Welt gegenüber, in der das Objektive vorherrschte. Das heißt gesellschaftliche Stellung, sozialer Wert und Charaktereigenschaften waren öffentlich bekannt und das bereits im vornherein der besagten Prozesse.

Der aktuell völlig normale Wunsch nach Anerkennung vom Partner unterliegt performativen Bedingungen: der Wunsch sowie der Ablauf der Anerkennung beobachtet werden. Der Gedanken sich binden zu wollen wird bei Mann und Frau nie wirklich eindeutig geäußert, obwohl eben solche Beziehungen das Fundament der steten Arbeit und Anerkennung ist. Hinzu kommen eine spezielle Eigenschaft romantischer Beziehungen- die vermittelte Anerkennung ist ein autonomisches Konstrukt, das gehegt und gepflegt werden muss.[20]

---

[19]Vgl. Illouz 2009, S. 73ff.
[20]Vgl. ebd., S. 78ff.

4.) Was versteht Norbert Elias unter dem ›**Prozess der Zivilisation**‹?

Ungeplant und dem historischen Wandel unterzogen ist „Der Prozeß der Zivilisation eine Veränderung des menschlichen Verhaltens und Empfindens in einer ganz bestimmten Richtung."[21] Handlungen einzelner Individuen weichen den Zwängen innerhalb einer ganzen Gesellschaft. Abweichungen dessen, erlegen jedem ein Gefühl der Scham auf. Das grundlegende Ineinandergreifen vereinzelter emotionaler oder rationaler Vorhaben und Aktionen, ist in der Lage einen Wandel herbeizuführen. In Stand gesetzt und gehalten, wird die Zivilisation durch die Autonomie sowie Änderungen der Spezifika menschlichen Zusammenlebens, eben durch eines solchen Geflecht. Beeinflusst durch großes Konkurrenzdenken bilden sich seit Jahrhunderten immer wieder verschiedenste Funktionen inmitten einer Gesellschaft heraus. Stets mehr Persönlichkeiten treffen aufeinander, was zur Folge hat, dass Handlungen exakter und strenger strukturiert und funktionell abgestimmt werden. Psychische Eigenheiten werden somit von Automatismen abgelöst. Weitere gesellschaftliche Wandlungen gehen mit der Herausbildung von Monopoleinrichtungen körperlicher Gewalttaten und ansteigende Festigung gesellschaftlicher Zentralorgane einher. Das heißt, Menschen können sich nun umso mehr an der Funktionsteilung orientieren, in der die wechselseitige Abhängigkeit desto stärker gegeben ist. Überwiegend geschützt vor äußerer körperlicher Gewalt, ist auch jeder dem Selbstzwang ausgesetzt mit derartigen Anwandlungen an sich zu halten und sich Affekten zu versagen- eine Verhaltensänderung ganz im Verständnis der Zivilisation, in der Schaffung der Gesellschaft. Umgekehrt ist eine größere Treibungebundenheit schließlich dort zu beobachten, wo keine stabilen Zentralmonopole existent sind.[22] Zwar geprägt von Unsicherheit, wir hier jedoch vor allem dem Individuum den Vortritt gelassen: „[…]bringt sie [die Affektäußerung] Lust, so wird die Lust

---

[21]Elias, Norbert: Über den Prozess der Zivilisation. Soziogenetische und psychogenetische Untersuchungen, Band 2, Frankfurt am Main 1976, S. 312.
[22]Vgl. ebd., S. 312ff.

voller ausgekostet, ohne Berechnung, ohne Gedanken an die möglichen Folgen in irgendeiner Zukunft."[23] Geht man aber nun wieder von dem vorhergehenden Wandel aus, indem sich prinzipiell friedvolle Ziele wie der Erwerb finanzieller Mittel oder Prestige festsetzen, sind weiterhin Schwankungen im Handeln und Affekten vorzufinden. Jedoch sind diese infolge erzogener Selbstbeherrschung, weitaus gemäßigter und berechenbarer. Menschen sind von jungen Jahren an gezwungen eigene innere Vorgänge zu transformieren sowie beständig und allseitig den Triebregelungen anzupassen- es entstehen Angewohnheiten gesellschaftlich- standardisierter Triebe. Vergleichsweise wurden Personen früherer Kriegergesellschaften bei weitem stärker, regelrecht von ihren Leidenschaften und Trieben unterworfen.

Völlig gefahrlos gehen besagte 'Prozesse der Zivilisation' nicht von statten. Dem Mensch bleibt es im Grunde nur, gewisse Spannungen und Leidenschaften mit sich selbst auszumachen. Teils völlig aus dem Gleichgewicht geraten, unruhig und unbefriedigt geraten sie zum Beispiel in Empfindungen der Langeweile oder Einsamkeit hinein. Angestaute Energien, kontinuierliche Auseinandersetzung des Selbstzwangs mit dem Zentrum aller Triebe, könnten sich vollkommen unerwartet und jeglicher Kontrolle entzogen, in seltsamster Form der Außenwelt präsentieren.[24]

Resümierend sind all die Phänomene des ‚Prozesses der Zivilisation' wie der Funktionsteilung, den Monopolen wie dem der Gewalt usw. in ganz speziell im Abendland zu bemerken. Doch trotz manchmal gravierender Unterschiede der gewollten Affektkontrolle zu anderen Kulturen, ist der gesamte Vorgang als solches- die Zivilisationsbewegung, überall gleichsam beliebt.[25]

---

[23] Elias 1976, S. 324.
[24] Vgl. ebd., S. 328ff.
[25] Vgl. ebd., S. 338.

Literaturverzeichnis

Elias, Norbert: *Über den Prozess der Zivilisation. Soziogenetische und psychogenetische Untersuchungen*, Band 2, Frankfurt am Main 1976.

Gerhards, Jürgen: *Soziologie der Emotionen. Fragestellungen, Systematik und Perspektiven*. München/ Weinheim 1988.

Illouz, Eva: *Das Verlangen nach Anerkennung*, In: Forst, Rainer; Hartmann, Martin; Jaeggi, Rahel; Saar, Martin (Hg.): Sozialphilosophie und Kritik, Frankfurt am Main 2009, S. 64ff.

Neckel, Sighard (2005): *Emotion by Design. Das Selbstmanagement der Gefühle als kulturelles Programm*, In: Berliner Journal für Soziologie, H. 3, S. 124f.

Thadden, Elisabeth von: *Alles eine Frage des Gefühls. Was interessiert den Geist heute so lebhaft an den Emotionen. Geht es uns nur ums Wohlbefinden? Ein Gespräch mit der Historikerin Ute Frevert und der Soziologin Eva Illouz*. In: DIE ZEIT, Nr. 37, 6. September 2012, S. 55.

Vester, Heinz-Günter: *Emotion, Gesellschaft und Kultur. Grundzüge einer soziologischen Theorie der Emotionen*. Opladen 1991.

BEI GRIN MACHT SICH IHR WISSEN BEZAHLT

- Wir veröffentlichen Ihre Hausarbeit, Bachelor- und Masterarbeit

- Ihr eigenes eBook und Buch - weltweit in allen wichtigen Shops

- Verdienen Sie an jedem Verkauf

Jetzt bei www.GRIN.com hochladen und kostenlos publizieren